Préface

Cher lecteur,

Bienvenue dans le monde fascinant de l'intelligence artificielle (IA) un domaine qui, ces dernières années, a non seulement captivé notre imagination mais a également commencé à transformer presque tous les aspects de notre vie quotidienne.

Que vous soyez un passionné de technologie, un professionnel cherchant à élargir vos compétences, ou simplement curieux de comprendre les mécanismes derrière les avancées technologiques actuelles, ce livre est pour vous.

L'objectif de cet ebook est de démystifier l'IA. Nous commençons par explorer les concepts fondamentaux de l'IA, en définissant ce qu'elle est et n'est pas, et en examinant son évolution au fil du temps.

Nous abordons ensuite les diverses applications de l'IA dans différents domaines de la santé à l'automobile, en passant par les implications éthiques et sociétales de cette technologie en rapide évolution.

Alors que l'IA peut sembler un sujet complexe et parfois intimidant, j'ai fait de mon mieux pour présenter les informations de manière claire, concise et accessible, sans compromettre la rigueur technique.

Que vous ayez ou non une expérience préalable en IA, vous trouverez dans ce livre des explications claires, des exemples pertinents et des aperçus pratiques.

Au-delà de ce premier ebook, la série continuera à vous accompagner dans votre parcours d'apprentissage de l'IA.

Des concepts plus avancés, des études de cas détaillées et des guides pratiques pour développer vos propres projets d'IA sont prévus dans les tomes suivants.

Je vous invite à embarquer dans ce voyage passionnant à la découverte de l'IA. Puissiez-vous trouver dans ces pages l'inspiration, la connaissance et la confiance nécessaires pour naviguer et contribuer à cet incroyable domaine en pleine expansion.

Bonne lecture,

Bruno Edon

Chapitre 1: Qu'est-ce que l'Intelligence Artificielle ?

Introduction

L'intelligence artificielle (IA) est un terme qui suscite à la fois
de l'enthousiasme et de l'appréhension.
Mais qu'est-ce vraiment que l'IA ?
À sa base, l'IA est une branche fascinante de
la technologie informatique, mais elle est bien plus que cela.
C'est une frontière de l'innovation qui repousse les limites de ce que
les machines peuvent faire et comment elles peuvent "penser".

Définition simple

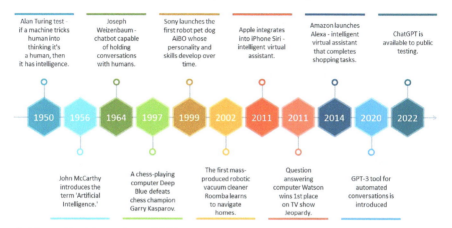

Artificial Intelligence Development History Timeline

Alan Turing test - if a machine tricks human into thinking it's a human, then it has intelligence.

Joseph Weizenbaum - chatbot capable of holding conversations with humans.

Sony launches the first robot pet dog AiBO whose personality and skills develop over time.

Apple integrates into iPhone Siri - intelligent virtual assistant.

Amazon launches Alexa - intelligent virtual assistant that completes shopping tasks.

ChatGPT is available to public testing.

1950 1956 1964 1997 1999 2002 2011 2011 2014 2020 2022

John McCarthy introduces the term 'Artificial Intelligence.'

A chess-playing computer Deep Blue defeats chess champion Garry Kasparov.

The first mass-produced robotic vacuum cleaner Roomba learns to navigate homes.

Question answering computer Watson wins 1st place on TV show Jeopardy.

GPT-3 tool for automated conversations is introduced

Get these slides & icons at www.infoDiagram.com

Imaginez une machine capable de réfléchir, d'apprendre, de résoudre des problèmes et de prendre des décisions de manière similaire à un être humain. C'est le cœur de l'IA.

À l'origine, l'IA visait à créer des machines capable d'imiter le comportement humain. Aujourd'hui, elle englobe un champ plus large : le développement de systèmes informatiques qui peuvent effectuer des tâches normalement nécessitant l'intelligence humaine. Cela inclut des activités telles que la reconnaissance visuelle, la compréhension du langage naturel, et la prise de décision stratégique.

IA vs Autres Technologies

Contrairement à la programmation traditionnelle, où toutes les règles et les décisions doivent être codées explicitement, l'IA permet aux machines d'apprendre et de s'adapter. Par exemple, au lieu de programmer un ordinateur avec chaque règle possible pour reconnaître un chat, un système d'IA peut "apprendre" à identifier un chat en analysant des milliers d'images de chats. Ce processus d'apprentissage est au cœur de ce qui rend l'IA unique.

Une Brève Analogie

Pour simplifier, on pourrait comparer l'IA à un enfant apprenant à reconnaître les animaux. Au début, l'enfant apprend de ses parents en regardant des images d'animaux et en écoutant leurs noms. Avec le temps, l'enfant sera capable de reconnaître un animal jamais vu auparavant. De même, un système d'IA apprend à partir de données et améliore sa capacité à effectuer des tâches avec le temps.

L'IA dans le Monde Moderne

Alors que l'idée de l'IA remonte à des décennies, c'est dans le monde moderne que son impact se fait le plus sentir. L'IA n'est plus une curiosité de laboratoire, elle est partout autour de nous. De la navigation dans nos smartphones aux recommandations personnalisées sur les sites de commerce en ligne, l'IA façonne notre quotidien de manière souvent invisible.

Types d'IA

Il existe plusieurs types d'IA, chacun avec ses propres capacités et limites :

IA Faible ou Étroite : C'est le type d'IA le plus courant aujourd'hui. Elle est conçue pour effectuer une tâche spécifique, comme la reconnaissance vocale ou la traduction de langues. Siri et Alexa en sont des exemples typiques.
IA Forte ou Générale : C'est l'objectif ultime de la recherche en IA - une machine dotée d'une intelligence générale et polyvalente, semblable à celle de l'être humain. Cet objectif reste, pour l'instant, de la science-fiction.

Apprentissage Machine et Réseaux Neuronaux

Deux concepts clés dans l'IA moderne sont l'apprentissage machine (Machine Learning) et les réseaux neuronaux. L'apprentissage machine permet aux machines d'apprendre à partir de données, tandis que les réseaux neuronaux, inspirés par le fonctionnement du cerveau humain, sont des systèmes qui imitent la manière dont les humains apprennent et traitent l'information. Ces technologies sont au cœur des avancées les plus impressionnantes de l'IA.

L'IA et l'Éthique

Avec le pouvoir de l'IA vient de grandes responsabilités. Les questions éthiques entourant l'IA sont nombreuses et complexes. De la vie privée des données à la prise de décision automatisée, l'IA soulève des questions fondamentales sur la sécurité, la moralité et l'avenir du travail humain.

Conclusion

L'IA n'est pas seulement un domaine de la technologie, c'est une révolution qui redéfinit le tissu même de notre société. Dans les pages suivantes, nous explorerons plus en détail les principes, les applications, et les implications éthiques de cette technologie fascinante.

1.2 Brève Histoire de l'IA

Les Premiers Jours de l'IA

La naissance de l'intelligence artificielle en tant que domaine scientifique est souvent attribuée à la conférence de Dartmouth en 1956, où le terme "intelligence artificielle" a été utilisé pour la première fois. Cet événement a marqué le début d'une nouvelle ère de recherche et d'exploration.

Le Rôle des Pionniers

Des figures emblématiques comme Alan Turing, connu pour son célèbre "test de Turing", ont posé les fondations théoriques de l'IA. Le test de Turing était une proposition pour évaluer l'intelligence d'une machine en fonction de sa capacité à imiter le comportement humain.

Les Premières Réalisations

Dans les années qui ont suivi, l'IA a connu plusieurs succès remarquables. Par exemple, dans les années 1990, Deep Blue, un ordinateur conçu par IBM, a battu le champion du monde d'échecs, Garry Kasparov, marquant un moment historique pour l'IA dans le jeu.

Les Hauts et les Bas

L'histoire de l'IA n'a pas été un chemin linéaire. Elle a connu plusieurs "hivers de l'IA", des périodes où le progrès a ralenti en raison de limitations techniques et d'un manque de financement. Cependant, chaque période de ralentissement a été suivie d'une renaissance, grâce à de nouvelles découvertes et technologies.

L'Ère Moderne de l'IA

Aujourd'hui, nous vivons dans une ère d'avancées rapides en IA, stimulée par des progrès significatifs dans l'apprentissage machine et l'apprentissage profond. Ces technologies transforment non seulement le domaine de l'IA, mais aussi la façon dont nous vivons et travaillons.

Conclusion

De ses humbles débuts à son statut actuel de force majeure dans le monde technologique, l'histoire de l'IA est riche et fascinante. Comprendre son passé nous aide à mieux apprécier son potentiel pour l'avenir.

1.3 Applications de l'IA

L'IA dans la Vie Quotidienne

L'intelligence artificielle n'est pas juste une notion abstraite ; elle fait partie intégrante de notre quotidien. Voici quelques exemples :

Assistants Virtuels :
Siri, Alexa et Google Assistant utilisent l'IA pour comprendre et répondre à nos commandes vocales.

Recommandations Personnalisées :
Que ce soit sur Netflix, Amazon, ou Spotify, l'IA analyse nos comportements et préférences pour recommander des films, produits ou musiques.

L'IA dans les différents Secteurs

L'impact de l'IA dépasse largement les commodités domestiques

Santé : Des systèmes d'IA aident à diagnostiquer des maladies plus rapidement et avec plus de précision, révolutionnant ainsi les soins de santé.

Finance : L'IA est utilisée pour la détection de fraudes, la gestion de portefeuille, et même pour des conseils en investissement automatisés.

Automobile : Les voitures autonomes, qui utilisent des systèmes d'IA avancés pour naviguer, sont en train de devenir une réalité.

L'IA dans le Commerce et le Marketing

L'IA transforme également la façon dont les entreprises interagissent avec les clients :

Chatbots : Des assistants virtuels intelligents capables de gérer les requêtes clients, améliorant ainsi l'expérience utilisateur.

Analyse de données:
L'IA permet d'analyser de grandes quantités de données pour obtenir des insights précieux sur les comportements des consommateurs. Un "insight", dans ce contexte, fait référence à une compréhension profonde et souvent soudaine qui émerge de l'analyse des données, offrant une perspective claire sur des modèles ou des tendances complexes qui ne seraient pas évidents autrement.

Conclusion

Que ce soit pour améliorer notre confort personnel ou révolutionner des industries entières, l'IA est omniprésente. Son potentiel de transformer nos vies est immense, et nous n'en sommes qu'au début de sa véritable capacité.

1.4 Éthique et Considérations Futures de l'IA

Introduction à l'Éthique de l'IA

L'intelligence artificielle, avec son potentiel de transformer de nombreux aspects de notre vie, soulève également d'importantes questions éthiques. Alors que nous adoptons de plus en plus cette technologie, il est crucial de réfléchir à son impact sur notre société.

Protection de la Vie Privée et Sécurité des Données

Un des défis majeurs posés par l'IA est la gestion et la protection des données personnelles. Avec l'IA analysant d'énormes volumes de données, la question de savoir comment ces données sont utilisées et protégées devient primordiale.

Biais et Équité

L'IA est aussi susceptible de refléter les biais présents dans les données sur lesquelles elle est entraînée. Cela peut conduire à des inégalités et des décisions injustes, particulièrement dans des domaines sensibles comme le recrutement ou la justice.

Automatisation et Emploi

L'impact de l'IA sur le marché du travail est un autre sujet de préoccupation. Alors que l'automatisation peut augmenter l'efficacité, elle soulève aussi des questions sur l'avenir du travail et la sécurité de l'emploi.

Réglementation et Contrôle

La nécessité de réglementer et de contrôler le développement et l'application de l'IA est devenue un sujet de débat public et politique. Il est essentiel de trouver un équilibre entre encourager l'innovation et protéger la société.

L'IA et l'Avenir

En regardant vers l'avenir, nous devons réfléchir à la manière dont nous pouvons façonner le développement de l'IA pour qu'elle serve le bien commun. Cela inclut des considérations sur l'éthique de l'IA, son utilisation responsable, et la manière dont elle peut contribuer à relever les grands défis de notre époque.

Conclusion

Les questions éthiques entourant l'IA ne sont pas seulement des préoccupations pour les développeurs ou les techniciens, elles concernent toute la société. Alors que nous nous dirigeons vers un avenir de plus en plus influencé par l'IA, il est vital que nous abordions ces questions de manière réfléchie et informée.

Conclusion du Chapitre 1: Synthèse et Perspective

Récapitulatif des Points Clés

L'intelligence artificielle, initialement conçue pour imiter le comportement humain, s'est élargie pour inclure des systèmes capables de réaliser des tâches nécessitant une intelligence humaine, comme la prise de décision, la reconnaissance visuelle et la compréhension du langage.

L'IA est omniprésente dans notre vie quotidienne, depuis les assistants virtuels jusqu'aux systèmes complexes dans divers secteurs industriels.

Bien que prometteuse, l'IA soulève des questions éthiques importantes, notamment en matière de vie privée, de biais dans les données, et d'impact sur l'emploi.

L'Importance de Comprendre l'IA

Comprendre l'IA est essentiel dans notre monde en rapide évolution. En saisissant les bases de l'IA, vous pourrez apprécier son potentiel et ses défis, et vous préparer pour l'avenir.

Ce qui nous Attend

Dans les prochains chapitres, nous plongerons plus profondément dans les principes de l'IA, ses applications spécifiques dans différents domaines, et comment elle façonne l'avenir de la technologie et de la société.

Invitation à la Curiosité et à l'Apprentissage

Je vous encourage à aborder les chapitres suivants avec curiosité et ouverture d'esprit. Que vous soyez un passionné de technologie, un professionnel cherchant à intégrer l'IA dans votre travail, ou simplement quelqu'un d'intéressé par l'avenir de l'IA, il y a beaucoup à découvrir et à explorer.

Chapitre 2 :
Principes Fondamentaux
de l'IA

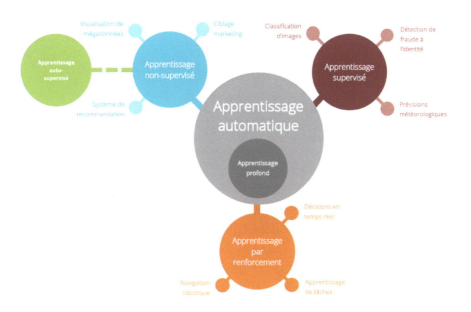

2.1 Introduction aux Algorithmes de l'IA

Qu'est-ce qu'un Algorithme d'IA ?

Un algorithme d'IA est un ensemble complexe d'instructions et de règles que les machines suivent pour réaliser des tâches qui, traditionnellement, nécessiteraient l'intelligence humaine. Ces algorithmes sont au cœur de ce qui rend une machine "intelligente". Ils permettent aux ordinateurs d'analyser les données, d'apprendre de ces données, et de prendre des décisions ou de faire des prédictions basées sur ces apprentissages.

Comprendre les Différents Types d'Algorithmes

Apprentissage Supervisé :

Concept : Dans l'apprentissage supervisé, l'IA est entraînée sur un ensemble de données étiquetées. Ces données sont comme un guide : elles montrent à l'IA ce qu'elle doit chercher et comment interpréter les résultats.
Exemples Pratiques : Un système de reconnaissance vocale entraîné avec des échantillons de voix et les transcriptions correspondantes. L'algorithme apprend à associer les sons à des mots spécifiques ou bien par exemple, pour apprendre à reconnaître des chats, on lui montre des milliers d'images de chats, chacune
étiquetée comme "chat".

Apprentissage Non Supervisé :

Concept : Ici, l'IA est confrontée à des données non étiquetées et doit trouver des structures et des patterns par elle-même. Cela implique souvent de regrouper les données en catégories basées sur des similarités.
Exemples Pratiques : Analyse des habitudes de consommation pour segmenter les clients en groupes distincts selon leurs préférences d'achat, sans aucune indication préalable.

Apprentissage par Renforcement :

Concept : C'est une approche basée sur le comportement, où l'IA apprend à effectuer des tâches par essais et erreurs. Elle reçoit des récompenses pour les actions réussies et des pénalités pour les erreurs, l'amenant à s'adapter et à améliorer ses performances.
Exemples Pratiques : Les programmes d'IA qui jouent à des jeux comme les échecs ou Go, où chaque mouvement est évalué en fonction de s'il rapproche l'IA d'une victoire ou d'une défaite.

L'Importance de la Qualité des Données

La qualité des données est cruciale pour la performance de ces algorithmes. Des données inexactes, biaisées ou incomplètes peuvent conduire à des prédictions incorrectes ou biaisées, un phénomène connu sous le nom de "GIGO" (Garbage In, Garbage Out).

Conclusion

Les algorithmes d'IA sont les moteurs de l'intelligence des machines, permettant des avancées extraordinaires dans divers domaines. Comprendre ces algorithmes et la manière dont ils traitent et apprennent des données nous permet de mieux saisir le potentiel et les limites de l'IA.

2.2 Machine Learning en Détail

Qu'est-ce que le Machine Learning ?

Le Machine Learning (ML), ou apprentissage automatique, est un sous-ensemble de l'intelligence artificielle qui permet aux machines d'apprendre à partir de données et d'améliorer leurs performances sans être explicitement programmées pour chaque tâche. Cette capacité d'apprentissage autonome est ce qui rend le ML si puissant et polyvalent.

Comment Fonctionne le Machine Learning ?

Collecte de Données :
Le processus commence par la collecte de grandes quantités de données pertinentes. Ces données peuvent être de tout type, des chiffres aux images, en passant par le texte.

Prétraitement des Données :
Les données brutes sont rarement prêtes à l'emploi. Elles doivent être nettoyées, formatées et transformées en un format utilisable par les algorithmes de ML.

Choix de l'Algorithme :
Selon la tâche à accomplir, différents algorithmes sont sélectionnés. Par exemple, les réseaux neuronaux sont souvent utilisés pour la reconnaissance d'images, tandis que les arbres de décision peuvent être utilisés pour des décisions basées sur des critères clairs.

Entraînement de l'Algorithme :
L'algorithme est 'entraîné' en lui faisant analyser les données. Au cours de cette étape, l'algorithme ajuste ses paramètres pour améliorer sa capacité à prédire ou à catégoriser correctement.

Test et Amélioration :
Après l'entraînement, l'algorithme est testé sur de nouvelles données pour évaluer sa performance. Des ajustements sont faits pour améliorer la précision et l'efficacité.

Applications du Machine Learning

Le ML a des applications dans presque tous les domaines imaginables : de la détection de fraudes dans le secteur bancaire à la personnalisation des expériences utilisateur en ligne, en passant par le développement de traitements médicaux innovants.

Défis du Machine Learning

Les défis du ML incluent la nécessité de grandes quantités de données de haute qualité, le risque de biais dans les données, et la complexité de l'interprétation des modèles de ML.

Conclusion

Le Machine Learning est une pierre angulaire de l'IA moderne. Sa capacité à apprendre et à s'adapter rend possible de nombreuses applications qui étaient autrefois considérées comme de la science-fiction. Comprendre le ML est essentiel pour apprécier pleinement le potentiel et les limites de l'intelligence artificielle.

Qu'est-ce qu'un Pattern en Intelligence Artificielle ?

Définition Générale :
Dans le contexte de l'intelligence artificielle, un "pattern" se réfère à une structure ou un arrangement reconnaissable de données. Il peut s'agir de tout schéma répété ou régulier dans les données, comme une séquence dans un ensemble de nombres, une configuration particulière dans une image, ou un modèle spécifique de comportement.

Importance des Patterns dans l'IA :
La détection et la reconnaissance de patterns sont fondamentales pour les réseaux neuronaux et l'IA en général. Par exemple, dans la reconnaissance d'images, un réseau neuronal apprend à identifier des patterns tels que les contours, les formes, et les textures qui caractérisent un objet ou un visage. En apprentissage machine, identifier des patterns dans les données permet aux algorithmes de faire des prédictions ou de prendre des décisions. Par exemple, un algorithme peut apprendre les patterns de dépenses d'un utilisateur pour détecter des activités frauduleuses sur un compte bancaire.

Patterns et Apprentissage :
Les réseaux neuronaux et autres algorithmes d'IA "apprennent" en identifiant et en mémorisant ces patterns à partir de vastes ensembles de données. Cette capacité à reconnaître des patterns est ce qui permet à l'IA de s'adapter et de répondre à de nouvelles informations ou situations qu'elle n'a jamais rencontrées auparavant.

Conclusion

En résumé, un pattern en IA est un arrangement ou une séquence reconnaissable dans les données, que les algorithmes apprennent à identifier et à utiliser pour effectuer des tâches comme la reconnaissance d'images, la prise de décision, ou la prédiction. La capacité à détecter et à interpréter ces patterns est ce qui rend les systèmes d'IA si puissants dans diverses applications.

2.3 Comprendre les Réseaux Neuronaux

Introduction aux Réseaux Neuronaux

Les réseaux neuronaux sont au cœur de nombreuses applications avancées d'intelligence artificielle. Inspirés par le fonctionnement du cerveau humain, ils sont conçus pour imiter la manière dont les neurones humains interagissent, permettant aux machines d'apprendre et de prendre des décisions de manière plus humaine.

Structure des Réseaux Neuronaux

Un réseau neuronal est composé de couches de "neurones" artificiels. Chaque neurone reçoit des entrées, les traite à travers une fonction mathématique, et produit une sortie.

Les réseaux neuronaux peuvent avoir plusieurs couches (d'où le terme "apprentissage profond"), permettant de traiter des informations complexes et de reconnaître des patterns subtils.

Fonctionnement des Réseaux Neuronaux

Apprentissage : Les réseaux neuronaux apprennent en ajustant les poids des connexions entre les neurones. Cet ajustement se fait généralement à travers un processus appelé "rétropropagation", où le réseau ajuste ses poids pour minimiser l'erreur dans ses prédictions ou ses classifications.

Exemples d'Utilisation : De la reconnaissance faciale dans les smartphones à la détection de maladies à partir d'images médicales, les réseaux neuronaux trouvent des applications dans une variété de domaines.

Avantages des Réseaux Neuronaux

Ils sont extrêmement flexibles et peuvent apprendre à effectuer des tâches sans être explicitement programmés pour chaque scénario spécifique.

Leur capacité à identifier des patterns complexes les rend idéaux pour des tâches comme la reconnaissance visuelle et auditive, ainsi que pour la prédiction basée sur de grandes quantités de données.

Défis et Limitations

Les réseaux neuronaux nécessitent d'importantes quantités de données pour l'entraînement et sont souvent considérés comme des "boîtes noires", car il peut être difficile de comprendre comment ils arrivent à des conclusions spécifiques.
Ils peuvent aussi être coûteux en termes de puissance de calcul, particulièrement pour les modèles plus grands et plus complexes.

Conclusion

Les réseaux neuronaux représentent une avancée significative dans le domaine de l'IA, offrant des capacités d'apprentissage et de traitement de l'information qui étaient auparavant inatteignables. Comprendre leur structure et leur fonctionnement est essentiel pour saisir les possibilités et les limites de l'intelligence artificielle actuelle.

2.4 Importance de la Collecte et l'Analyse des Données en IA

Le Rôle des Données en IA

Dans le monde de l'intelligence artificielle, les données sont un ingrédient essentiel. Elles sont le carburant qui alimente les algorithmes d'IA, leur permettant d'apprendre, de s'adapter et d'évoluer. Sans données, la plupart des systèmes d'IA ne peuvent tout simplement pas fonctionner efficacement.

Collecte de Données

Diversité et Volume :
La qualité d'un modèle d'IA dépend fortement de la quantité et de la diversité des données collectées. Plus il y a de données couvrant un large éventail de scénarios, plus l'algorithme peut apprendre efficacement.
Sources de Données :
Les données peuvent provenir de diverses sources, comme les interactions en ligne, les capteurs IoT, les bases de données d'entreprise, et bien d'autres.

Prétraitement des Données

Nettoyage des Données :
Avant d'être utilisées pour l'entraînement, les données doivent souvent être nettoyées et préparées. Cela peut impliquer la correction d'erreurs, la suppression de duplicatas, et le traitement des valeurs manquantes.
Transformation des Données :
Les données sont également souvent transformées en un format approprié pour l'analyse, comme la normalisation ou la conversion en un format numérique.

Analyse des Données

Extraction de Patterns :
L'analyse de données en IA vise à identifier des patterns, des tendances et des corrélations. Cela peut révéler des insights précieux, comme les préférences des consommateurs ou des indicateurs de performance clés.

Alimentation des Algorithmes d'IA :
Les insights et patterns extraits des données sont ensuite utilisés pour entraîner les modèles d'IA, les rendant plus précis et efficaces dans leurs tâches.

Défis de l'Analyse des Données

Qualité et Biais des Données :
Un défi majeur est d'assurer la qualité des données. Les données biaisées peuvent entraîner des préjugés dans les décisions de l'IA, ce qui soulève des questions éthiques importantes.

Gestion de Grandes Quantités de Données :
La manipulation et l'analyse de grandes quantités de données nécessitent des ressources considérables en termes de stockage et de puissance de calcul.

Conclusion

La collecte et l'analyse de données jouent un rôle crucial dans le succès de l'intelligence artificielle. Elles ne se limitent pas à la quantité de données, mais englobent également la qualité, la diversité, et le traitement de ces données. Une compréhension approfondie de ce processus est essentielle pour quiconque s'intéresse à la création ou à l'utilisation de solutions d'IA efficaces.

2.5 Les Outils et Langages de Programmation

Introduction aux Outils et Langages en IA

L'intelligence artificielle s'appuie sur une variété d'outils et de langages de programmation spécifiques qui facilitent le développement et la mise en œuvre de solutions d'IA. Ces outils et langages sont choisis pour leur efficacité, leur flexibilité et leur capacité à gérer des tâches complexes d'IA.

Langages de Programmation Populaires

Python :
Python est l'un des langages de programmation les plus populaires en IA. Sa syntaxe claire, ses nombreuses bibliothèques (comme TensorFlow et PyTorch) et son large soutien communautaire en font un choix privilégié pour les scientifiques de données et les développeurs d'IA.

R :
Bien que plus spécialisé que Python, R est un autre langage important, particulièrement fort dans les statistiques et l'analyse de données, ce qui le rend utile dans certains domaines spécifiques de l'IA.

Outils et Frameworks d'IA

TensorFlow :
Développé par Google, TensorFlow est un framework open-source pour le machine learning. Il est largement utilisé pour le développement et l'entraînement de modèles d'IA, en particulier ceux impliquant des réseaux neuronaux profonds.

PyTorch :
PyTorch, développé par Facebook, est apprécié pour sa flexibilité et son approche dynamique, ce qui le rend particulièrement adapté à la recherche et au développement expérimental en IA.

Choix du Bon Outil

Le choix entre ces outils et langages dépend des besoins spécifiques du projet, de la familiarité de l'équipe avec le langage, et des exigences en termes de performance et de flexibilité.

Certains projets peuvent bénéficier de l'utilisation combinée de plusieurs outils et langages pour tirer parti de leurs forces respectives.

Importance de la Communauté et des Ressources

L'un des avantages de ces langages et outils est leur forte communauté d'utilisateurs. Cela signifie une abondance de documentation, de tutoriels, et de forums où les développeurs peuvent trouver de l'aide et partager leurs connaissances.

Conclusion

Les langages et outils de programmation forment la colonne vertébrale de tout développement en IA. Que ce soit pour des tâches de machine learning, de traitement du langage naturel, ou de vision par ordinateur, choisir le bon ensemble d'outils est crucial pour le succès d'un projet d'IA. Comprendre les atouts et les applications de chaque outil et langage est un pas important pour quiconque cherche à se lancer dans le domaine de l'IA.

Chapitre 3: Applications de l'IA dans Divers Domaines

Révolutionner les Soins de Santé avec l'IA

Le secteur de la santé connaît une transformation significative grâce à l'intelligence artificielle. L'IA apporte des avancées remarquables, rendant les soins de santé plus précis, personnalisés et accessibles.

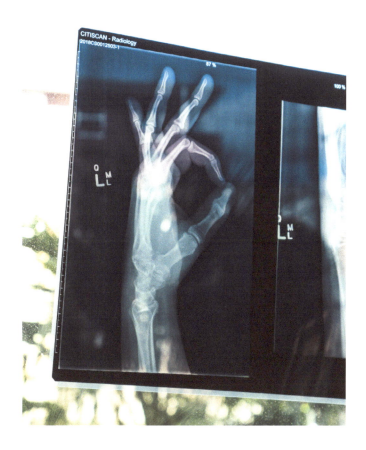

Diagnostic et Traitement

Amélioration des Diagnostics :
L'IA est utilisée pour analyser des images médicales, telles que les radiographies et les IRM, avec une précision souvent supérieure à celle des humains. Cela permet une détection plus rapide et plus précise de conditions comme le cancer.

Traitements Personnalisés :
L'analyse de données par l'IA aide à développer des traitements personnalisés. En analysant les données génétiques et cliniques des patients, l'IA peut identifier les traitements les plus efficaces pour des individus spécifiques.

Gestion des Soins de Santé

Optimisation des Ressources :
Des systèmes d'IA aident les hôpitaux et les cliniques à gérer efficacement leurs ressources, depuis la planification des rendez-vous jusqu'à la gestion des stocks de médicaments.

Surveillance à Distance :
L'IA permet une surveillance à distance des patients grâce à des dispositifs portables et des applications mobiles, améliorant ainsi le suivi des conditions chroniques et la prévention des maladies.

Recherche Médicale

Accélération de la Recherche :
L'IA accélère la recherche médicale en analysant rapidement de vastes ensembles de données. Elle joue un rôle clé dans la découverte de nouveaux médicaments et traitements.

Défis et Considérations Éthiques

Bien que prometteuse, l'utilisation de l'IA en santé soulève des questions d'éthique et de confidentialité des données. La précision et la fiabilité des systèmes d'IA doivent être constamment surveillées pour éviter des erreurs qui pourraient affecter la vie des patients.

Conclusion

L'IA est en train de redéfinir le paysage des soins de santé, offrant des opportunités extraordinaires pour améliorer les diagnostics, les traitements et la gestion globale de la santé. Cependant, il est crucial de naviguer dans ce domaine avec prudence, en veillant à l'éthique et à la sécurité des patients.

3.2 IA dans le Commerce et le Marketing

Transformation du Commerce par l'IA

L'IA révolutionne le commerce et le marketing en permettant une compréhension et une interaction plus profondes avec les consommateurs. Elle offre des moyens innovants pour personnaliser l'expérience client et optimiser les stratégies de marketing.

Personnalisation de l'Expérience Client

Recommandations Personnalisées :
L'IA analyse les habitudes d'achat, les préférences et le comportement de navigation pour fournir des recommandations de produits hautement personnalisées, améliorant ainsi l'expérience client et augmentant les taux de conversion.

Chatbots et Assistance Client :
Les chatbots alimentés par l'IA offrent une assistance client 24/7, répondant aux questions des clients, aidant dans le processus d'achat, et fournissant un support après-vente.

Optimisation du Marketing

Analyse Prédictive :
En analysant les tendances du marché et les comportements des consommateurs, l'IA aide les entreprises à prévoir la demande et à ajuster leurs stratégies marketing et leurs stocks en conséquence.

Ciblage Publicitaire :
L'IA améliore l'efficacité des campagnes publicitaires en ciblant précisément les audiences basées sur leurs intérêts, comportements d'achat et historiques de navigation.

Gestion de la Relation Client

Analyse des Sentiments :
L'IA analyse les avis et les interactions des clients sur les réseaux sociaux et d'autres plateformes pour évaluer l'opinion publique et la satisfaction client, permettant aux entreprises d'ajuster rapidement leurs stratégies.

Défis et Limites

Malgré ses avantages, l'IA dans le commerce nécessite une gestion prudente des données pour préserver la confidentialité et la sécurité des clients. De plus, les recommandations de l'IA doivent être surveillées pour éviter de renforcer les biais existants.

Conclusion

L'IA est en train de transformer le commerce et le marketing en offrant des insights précieux sur les clients et en améliorant l'efficacité des stratégies commerciales. Son potentiel pour personnaliser l'expérience client et optimiser les opérations commerciales est immense, mais doit être équilibré avec une considération éthique et responsable.

3.3 IA dans la Finance

Révolution Financière grâce à l'IA

L'intelligence artificielle est en train de transformer le secteur financier, offrant des possibilités innovantes pour améliorer l'efficacité, réduire les risques et personnaliser les services.

Détection de Fraude et Gestion des Risques

Systèmes de Détection de Fraude Avancés :
L'IA améliore la capacité des institutions financières à détecter et prévenir les fraudes en temps réel. Elle analyse des modèles de transactions pour identifier des activités suspectes qui pourraient indiquer une fraude.

Évaluation des Risques :
Les modèles d'IA aident à évaluer les risques de crédit en analysant des données complexes et en fournissant des évaluations plus précises des profils de risque des clients.

Automatisation et Conseils en Investissement

Robo-Advisors :
Les robo-advisors utilisent l'IA pour fournir des conseils d'investissement personnalisés et automatisés, rendant la gestion de portefeuille accessible à un plus large éventail de clients.

Trading Algorithmique :
L'IA est utilisée pour développer des stratégies de trading sophistiquées, capable d'analyser de grands volumes de données de marché et d'exécuter des transactions à grande vitesse.

Amélioration de l'Expérience Client

Services Bancaires Intelligents :
L'IA permet aux banques d'offrir une expérience client plus personnalisée, avec des services comme l'assistance virtuelle et les notifications personnalisées sur les habitudes de dépenses.

Défis et Considérations Éthiques

Bien que l'IA apporte des améliorations significatives, elle soulève également des questions sur la confidentialité des données, le risque d'erreurs automatisées et la nécessité d'une régulation appropriée pour prévenir les abus.

Conclusion

L'IA est en train de redéfinir le secteur financier en offrant des outils puissants pour la détection de fraudes, l'analyse de risques, et l'automatisation des conseils en investissement. Son impact sur la personnalisation des services financiers et l'efficacité opérationnelle est indéniable, ouvrant la voie à une ère de finance plus intelligente et plus connectée.

3.4 IA dans l'Automobile

Conduite de l'Innovation dans l'Automobile avec l'IA

L'intelligence artificielle révolutionne l'industrie automobile, en introduisant des avancées significatives dans la conduite autonome, la sécurité, et l'expérience utilisateur.

3.4 IA dans l'Automobile

Véhicules Autonomes

Développement de la Conduite Autonome :
L'IA est au cœur des technologies de véhicules autonomes. Elle permet aux voitures de comprendre et d'interpréter leur environnement, de prendre des décisions en temps réel et de naviguer en toute sécurité.

Capteurs et Perception :
Les véhicules équipés d'IA utilisent une combinaison de capteurs, de caméras et de radars pour collecter des données sur leur environnement. L'IA analyse ces données pour identifier les objets, les routes, et les signaux de circulation.

Sécurité et Assistance à la Conduite

Amélioration de la Sécurité Routière :
L'IA contribue à la sécurité en alertant les conducteurs des dangers potentiels et en intervenant dans des situations critiques pour prévenir les accidents.

Systèmes d'Assistance Avancés :
Des fonctionnalités comme l'assistance au stationnement, le contrôle adaptatif de la vitesse de croisière et la détection des angles morts sont rendues possibles grâce à l'IA.

Personnalisation de l'Expérience de Conduite

Interfaces Utilisateur Intelligentes :
Les systèmes d'IA dans les véhicules offrent des expériences utilisateur personnalisées, ajustant les paramètres de conduite, les préférences de divertissement et même les itinéraires en fonction du conducteur.

Défis et Perspectives d'Avenir

Questions de Sécurité et de Fiabilité :
Alors que la technologie progresse, des questions demeurent concernant la sécurité, la fiabilité et la réglementation des véhicules autonomes.

Impact sur l'Industrie Automobile

L'IA transforme non seulement la manière dont nous conduisons mais aussi la manière dont les véhicules sont conçus et fabriqués, promettant un avenir avec des transports plus intelligents et plus connectés.

Conclusion

L'IA ouvre des horizons nouveaux dans l'industrie automobile, allant des voitures entièrement autonomes à des améliorations significatives en matière de sécurité et de confort. Ces avancées représentent un bond en avant dans la manière dont nous interagissons avec nos véhicules et envisageons la mobilité.

3.5 IA dans l'Éducation

L'intelligence artificielle réinvente le paysage éducatif, offrant des approches personnalisées et interactives qui améliorent l'expérience d'apprentissage pour les étudiants et les enseignants.

Personnalisation de l'Apprentissage

Programmes Éducatifs Sur Mesure :
L'IA analyse les performances et les styles d'apprentissage des étudiants pour créer des parcours éducatifs personnalisés. Cela aide à cibler les domaines où les étudiants ont besoin de plus de soutien et adapte la difficulté des matériels en fonction de leur progression.

Assistants Éducatifs Intelligents :
Les chatbots et assistants virtuels peuvent répondre aux questions des étudiants, offrir des conseils et des ressources supplémentaires, et même évaluer les devoirs, permettant ainsi une interaction et un soutien constants.

Amélioration de l'Engagement et de la Rétention

Jeux Éducatifs Basés sur l'IA :
Des jeux et simulations éducatifs utilisant l'IA rendent l'apprentissage plus engageant et interactif, augmentant ainsi la rétention et l'intérêt des étudiants.

Analyse des Performances :
L'IA fournit des analyses détaillées des performances des étudiants, aidant les enseignants à identifier les lacunes dans la compréhension et à ajuster leurs méthodes pédagogiques.

Accès Élargi à l'Éducation

Outils d'Apprentissage pour les Besoins Spécifiques :
Des applications d'IA aident les étudiants ayant des besoins spéciaux, comme les outils de reconnaissance vocale pour les étudiants malentendants ou des programmes interactifs pour les étudiants avec des troubles d'apprentissage.

Cours en Ligne et MOOCs :
L'IA permet une expansion massive des cours en ligne ouverts et massifs (MOOCs), rendant l'éducation de qualité accessible à un public mondial.

Défis et Considérations Éthiques

Questions de Confidentialité et d'Équité :
Alors que l'IA offre des avantages significatifs, elle soulève aussi des préoccupations en matière de confidentialité des données des étudiants et d'accès équitable à ces outils technologiques.

Conclusion

L'IA transforme l'éducation en rendant l'apprentissage plus personnalisé, interactif et accessible. Elle offre des opportunités sans précédent pour enrichir et adapter l'enseignement, mais doit être mise en œuvre avec une attention particulière à l'éthique et à l'inclusivité.

3.6 IA dans la Robotique

L'Essor de la Robotique Intelligente

L'intégration de l'intelligence artificielle dans la robotique ouvre des horizons nouveaux en termes de capacités et de fonctionnalités des robots, transformant ainsi de nombreux secteurs, de la fabrication à l'exploration spatiale.

Robots Autonomes et Polyvalents

Amélioration de l'Autonomie :
Les robots équipés d'IA peuvent prendre des décisions indépendantes, s'adapter à de nouvelles situations et effectuer des tâches complexes sans supervision humaine directe.

Applications Polyvalentes :
Ces robots trouvent leur place dans divers domaines, comme la fabrication automatisée, l'assistance médicale, la recherche scientifique, et même les services à domicile.

Collaboration Homme-Robot

Robots Collaboratifs (Cobots) :
Les cobots sont conçus pour travailler aux côtés des humains, améliorant la sécurité et l'efficacité. L'IA permet aux cobots de comprendre et de prédire les actions humaines, facilitant une collaboration harmonieuse.

Formation et Adaptation :
Avec l'IA, les robots peuvent apprendre de leurs interactions avec les humains et s'adapter pour mieux répondre aux besoins spécifiques de leurs partenaires humains.

Robotique dans des Environnements Dangereux

Exploration et Sauvetage :
Les robots intelligents sont déployés dans des environnements dangereux ou inaccessibles, tels que les zones de catastrophe naturelle, l'espace, ou les fonds marins, pour mener des recherches et des opérations de sauvetage.

Défis et Considérations Futures

Questions Éthiques et de Sécurité :
L'utilisation croissante de robots pose des questions éthiques et de sécurité, en particulier concernant la prise de décision autonome et l'interaction avec les humains dans des contextes sensibles.

Impact sur le Marché du Travail :
L'automatisation accrue grâce à la robotique intelligente soulève des questions sur l'impact de l'emploi et la nécessité de nouvelles compétences et formations.

Conclusion

La fusion de l'IA avec la robotique crée des machines plus intelligentes, flexibles et autonomes, capables de réaliser des tâches que nous n'aurions jamais cru possibles. Alors que nous entrons dans une nouvelle ère de robotique avancée, il est essentiel de considérer les implications éthiques, de sécurité et sociales de ces technologies.

3.7 IA dans l'Aéronautique

Innovations Pilotées par l'IA dans l'Aéronautique

L'intelligence artificielle est en train de transformer le secteur aéronautique, offrant des améliorations significatives en matière de sécurité, d'efficacité opérationnelle et d'expérience de vol.

Optimisation des Opérations Aériennes

Gestion du Trafic Aérien :
L'IA contribue à optimiser la gestion du trafic aérien, réduisant les retards et améliorant l'efficacité des routes aériennes grâce à une analyse de données avancée.

Maintenance Prédictive :
Les systèmes d'IA analysent les données des avions en temps réel pour prédire les besoins de maintenance, réduisant ainsi les temps d'arrêt et améliorant la sécurité.

Sécurité et Surveillance

Analyse de Données de Vol :
L'IA joue un rôle crucial dans l'analyse des données de vol pour détecter toute anomalie ou problème potentiel, contribuant ainsi à prévenir les incidents.

Systèmes de Surveillance Avancés :
Des systèmes intelligents de surveillance et de contrôle aérien utilisent l'IA pour une détection et une réponse plus rapides en cas de situations d'urgence.

Conception et Fabrication d'Aéronefs

Conception Assistée par l'IA :
L'IA aide à concevoir des aéronefs plus efficaces et écologiques en simulant et en analysant des performances dans des conditions variées.

Automatisation de la Production :
Dans la fabrication, l'IA permet une automatisation accrue, améliorant la précision et réduisant les coûts de production.

Formation et Simulation

Simulateurs de Vol Avancés :
L'IA améliore les simulateurs de vol, offrant aux pilotes des expériences réalistes et adaptatives pour une formation plus efficace.

Défis et Perspectives d'Avenir

Intégration et Réglementation :
L'adoption de l'IA dans l'aéronautique nécessite une intégration soignée et une réglementation adaptée pour garantir la sécurité et l'efficacité.

Développement de Véhicules Aériens Autonomes :
L'avenir pourrait voir l'émergence de véhicules aériens entièrement autonomes, transformant encore davantage le transport aérien.

Conclusion

L'IA est en train de redéfinir le secteur aéronautique, offrant des possibilités extraordinaires pour améliorer la sécurité, l'efficacité et l'expérience de vol. En adoptant ces technologies avancées, l'industrie aéronautique s'oriente vers un avenir plus intelligent et plus connecté.

3.8 IA dans l'Aérospatial

Avancées Révolutionnaires de l'IA dans l'Exploration Spatiale

L'impact de l'intelligence artificielle s'étend au-delà de notre atmosphère, jouant un rôle crucial dans le domaine de l'aérospatial, de l'exploration spatiale à la surveillance satellitaire.

Exploration Spatiale et Missions Autonomes

Véhicules Spatiaux Intelligents :
L'IA permet à des sondes et des rovers spatiaux d'opérer de manière autonome dans l'espace, en prenant des décisions en temps réel et en s'adaptant à des environnements inconnus.

Analyse de Données Planétaires :
Les algorithmes d'IA aident à analyser rapidement les données collectées par les satellites et les sondes spatiales, facilitant la découverte de nouvelles informations sur d'autres planètes et corps célestes.

Satellites et Surveillance Terrestre

Gestion Optimisée des Satellites :
L'IA améliore le contrôle et la gestion des satellites, optimisant les trajectoires, la consommation d'énergie et les fonctions de communication.

Analyse de Données Satellitaires :
Les images et les données collectées par les satellites sont analysées par l'IA pour des applications telles que la surveillance climatique, l'agriculture de précision et la gestion des ressources naturelles.

Assistance à la Décision et Sécurité

Soutien aux Missions Habitées :
Dans les missions habitées, l'IA assiste les astronautes en fournissant des analyses de données, des alertes de sécurité et des recommandations pour la maintenance et les réparations à bord.

Simulation et Formation :
Les simulateurs de vol spatial utilisant l'IA préparent les astronautes à des scénarios complexes et imprévus, améliorant la préparation et la sécurité des missions.

Défis et Innovation Continue

Complexité et Fiabilité :
Déployer l'IA dans des environnements spatiaux pose des défis en termes de fiabilité et de gestion des risques dans des conditions extrêmes.

Potentiel pour l'Avenir :
L'IA a le potentiel de transformer l'exploration spatiale, rendant possible des missions plus ambitieuses et contribuant à notre compréhension de l'univers.

Conclusion

L'impact de l'IA dans l'aérospatial est profond et prometteur, ouvrant de nouvelles frontières dans l'exploration et l'étude de l'espace. Alors que la technologie continue de progresser, l'IA deviendra un partenaire encore plus essentiel dans la conquête spatiale et la compréhension de notre place dans l'univers.

Conclusion du Chapitre 3: L'IA, Moteur de Transformation dans Divers Secteurs

Synthèse des Applications de l'IA

Ce chapitre a exploré l'étendue remarquable des applications de l'intelligence artificielle, démontrant comment l'IA façonne et transforme de nombreux secteurs. De la santé à l'aéronautique, en passant par le commerce, la finance, l'automobile, l'éducation, la robotique et l'aérospatial, l'IA apporte des avancées significatives qui redéfinissent notre façon de travailler, d'apprendre et d'interagir avec le monde qui nous entoure.

Impact Transformateur de l'IA

L'IA n'est pas seulement un outil technologique; c'est un catalyseur de changement et d'innovation. Elle offre des solutions à certains des défis les plus complexes de notre époque, tout en ouvrant de nouvelles possibilités pour l'avenir.
Dans chaque secteur, l'IA permet une plus grande efficacité, précision, et personnalisation, tout en présentant de nouvelles façons de résoudre des problèmes et de générer des connaissances.

Défis et Responsabilités

Alors que nous embrassons les opportunités offertes par l'IA, nous devons également être conscients des défis qu'elle présente, notamment en termes de confidentialité, de sécurité, d'éthique, et d'impact social.
Il est de notre responsabilité de veiller à ce que l'IA soit utilisée de manière éthique et bénéfique, en mettant l'accent sur l'amélioration de la vie humaine et le respect de notre environnement.

Vers un Avenir Impulsé par l'IA

L'avenir de l'IA est riche de promesses. Alors que la technologie continue d'évoluer, nous pouvons nous attendre à voir son impact croître, transformant davantage de domaines et façonnant de nouvelles façons de vivre et de travailler dans un monde interconnecté.

Conclusion

L'intelligence artificielle est bien plus qu'une série de progrès technologiques; c'est une nouvelle ère de découverte et d'innovation. En explorant et en adoptant son potentiel, nous pouvons ouvrir la voie à un avenir où la technologie et l'humanité progressent ensemble pour créer un monde meilleur.

Chapitre 4: Défis Éthiques et Implications Sociétales de l'IA

Introduction aux Enjeux Éthiques de l'IA

L'Importance de l'Éthique dans l'IA

Contextualisation :
Alors que l'intelligence artificielle devient de plus en plus présente dans notre quotidien, il est essentiel de réfléchir aux implications éthiques de son utilisation. L'éthique de l'IA ne se limite pas à la programmation de machines ; elle englobe une réflexion plus large sur la manière dont ces technologies affectent les individus et la société dans son ensemble.

Défis Éthiques Uniques de l'IA :
L'IA pose des questions éthiques distinctes en raison de sa capacité à prendre des décisions autonomes, à apprendre de manière indépendante et à influencer des aspects significatifs de la vie humaine, allant de la vie privée à la sécurité en passant par l'équité.

Rôle de l'IA dans la Société

Impact Sociétal :
L'IA a le potentiel de transformer des secteurs clés tels que la santé, l'éducation, la sécurité et l'emploi. Cette transformation requiert une approche équilibrée qui maximise les bénéfices tout en minimisant les risques et les dommages potentiels.

Responsabilité des Développeurs et des Utilisateurs :
Les développeurs et utilisateurs d'IA doivent travailler conjointement pour s'assurer que les technologies sont utilisées de manière éthique. Cela implique la prise en compte des conséquences potentielles de leurs créations et actions sur l'ensemble de la société.

Conclusion de l'Introduction

Dans cette introduction, nous avons posé le cadre pour explorer les divers enjeux éthiques de l'IA. Les sections suivantes examineront plus en détail des problématiques spécifiques telles que le biais, la confidentialité, la responsabilité, et l'impact sur l'emploi.

4.2 Biais et Équité dans l'IA

Comprendre les Biais dans l'IA

Nature des Biais :
Les biais dans l'IA se réfèrent à des préjugés systématiques qui peuvent influencer les résultats des algorithmes. Ces biais peuvent provenir de données historiques, de pratiques de collecte de données, ou même des préjugés inconscients des concepteurs de systèmes.

Exemples Concrets :
Un exemple frappant est celui des systèmes de reconnaissance faciale qui ne parviennent pas à identifier correctement les individus de certaines ethnies ou groupes démographiques, reflétant ainsi les biais des ensembles de données utilisés pour leur formation.

Impact du Biais sur l'Équité

Conséquences Sociétales :
Les biais dans l'IA peuvent avoir des implications profondes, renforçant les inégalités existantes et affectant négativement des groupes déjà marginalisés.

Domaines Affectés :
Les domaines tels que le recrutement, les services financiers, la justice pénale et la santé sont particulièrement sensibles aux biais de l'IA, où des décisions injustes peuvent avoir des conséquences graves.

Stratégies de Détecter et de Réduire les Biais

Diversité des Données et des Équipes :
Une approche clé pour atténuer les biais est d'assurer la diversité et la représentativité des ensembles de données utilisés pour entraîner les IA, ainsi que la diversité au sein des équipes de développement.

Contrôle et Évaluation Continus :
Mettre en place des mécanismes de contrôle réguliers pour identifier et corriger les biais. Cela inclut des audits d'algorithme et des évaluations d'impact sur l'équité.

Conclusion

Les biais dans l'IA représentent un défi majeur, mais avec une prise de conscience accrue et des stratégies proactives, il est possible de les minimiser. Un engagement envers l'équité et l'inclusion est essentiel pour développer des technologies d'IA qui bénéficient à toute la société.

4.3 Confidentialité et Sécurité des Données en IA

Enjeux de la Confidentialité dans l'IA

Sensibilité des Données :
Avec l'IA traitant souvent des quantités massives de données personnelles, la question de la confidentialité devient primordiale. La protection des informations personnelles est essentielle pour maintenir la confiance et le respect des droits individuels.

Risques de Fuites de Données :
Les systèmes d'IA peuvent être vulnérables aux fuites de données, exposant des informations sensibles. Cela soulève des préoccupations concernant la protection des données personnelles et la prévention des abus.

Sécurité des Données dans les Systèmes d'IA

Menaces et Vulnérabilités :
Les systèmes d'IA peuvent être sujets à des attaques externes, comme le piratage, ou à des erreurs internes, compromettant ainsi la sécurité des données.

Solutions de Sécurité :
Des mesures de sécurité robustes, y compris le cryptage des données, la surveillance constante et l'adoption de protocoles de sécurité rigoureux, sont essentielles pour protéger les systèmes d'IA.

Respect de la Vie Privée et Réglementation

Législation sur la Confidentialité :
Des réglementations comme le RGPD (Règlement Général sur la Protection des Données) en Europe mettent en avant l'importance de la gestion responsable des données personnelles.

Consentement et Transparence :

Il est crucial d'obtenir le consentement des utilisateurs pour la collecte de leurs données et de maintenir la transparence quant à l'utilisation de ces données.

Conclusion

La confidentialité et la sécurité des données sont des piliers essentiels dans le développement et l'utilisation responsables de l'IA. Garantir la protection des informations personnelles et la robustesse des systèmes contre les menaces est indispensable pour établir une confiance durable dans les technologies d'IA.

4.4 Responsabilité et Transparence dans l'IA

Importance de la Responsabilité dans l'IA

Attribution de la Responsabilité :
Dans un contexte où les systèmes d'IA prennent des décisions autonomes, déterminer la responsabilité en cas d'erreurs ou de préjudices devient complexe. Il est crucial d'établir des cadres clairs pour attribuer la responsabilité, que ce soit aux développeurs, aux utilisateurs ou aux systèmes eux-mêmes.

Conséquences des Décisions d'IA :
Les décisions prises par l'IA peuvent avoir des impacts significatifs sur les individus et la société. Il est essentiel que ces systèmes soient conçus et utilisés de manière à être responsables et justes.

Transparence des Systèmes d'IA

Ouverture et Explicabilité :
La transparence dans les systèmes d'IA implique que les processus de prise de décision soient ouverts et compréhensibles. Cela permet aux utilisateurs et aux régulateurs de comprendre comment et pourquoi une décision a été prise.

Droit à l'Explication :
Les utilisateurs devraient avoir le droit de recevoir des explications sur les décisions prises par l'IA, en particulier dans des domaines critiques comme la santé, la justice et la finance.

Développement Éthique de l'IA

Directives Éthiques :

Le développement de l'IA doit suivre des directives éthiques pour assurer que les technologies ne causent pas de préjudice et qu'elles contribuent positivement à la société.

Participation des Parties Prenantes :

Impliquer diverses parties prenantes, y compris le public, dans le processus de développement de l'IA peut aider à garantir que les systèmes sont équitables, inclusifs et alignés sur les valeurs sociétales.

Conclusion

La responsabilité et la transparence sont des éléments clés pour instaurer la confiance et l'équité dans l'utilisation de l'IA. En adoptant ces principes, nous pouvons nous assurer que les avantages de l'IA sont réalisés de manière responsable et bénéfique pour tous.

4.5 IA et Emploi Transformation du Marché du Travail par l'IA

Automatisation et Nouvelles Opportunités :
L'IA est souvent associée à l'automatisation des emplois, ce qui soulève des inquiétudes quant à la perte potentielle d'emplois. Cependant, elle crée également de nouvelles opportunités en générant des emplois dans le développement et la gestion de ces technologies.

Compétences et Formation

Évolution des Compétences Requises :
Avec l'avènement de l'IA, la demande pour certaines compétences évolue. Des compétences en analyse de données, en programmation, et en gestion de systèmes IA deviennent de plus en plus recherchées.

Formation et Réadaptation Professionnelle :
Il est crucial d'investir dans la formation et la réadaptation professionnelle pour préparer la main-d'œuvre aux changements apportés par l'IA. Cela inclut à la fois la formation technique pour les emplois spécifiques à l'IA et le développement de compétences plus générales, comme la résolution de problèmes et la pensée critique.

Impact sur Divers Secteurs

Diversité de l'Impact :
L'impact de l'IA sur l'emploi varie selon les secteurs. Dans certains domaines, comme la fabrication, l'automatisation peut remplacer des tâches répétitives, tandis que dans d'autres, comme la santé, l'IA peut agir en tant qu'outil de support augmentant l'efficacité sans nécessairement remplacer les emplois humains.

Défis et Stratégies Politiques

Préparation à la Transition :
Les gouvernements et les organisations doivent élaborer des stratégies pour gérer la transition vers une économie davantage influencée par l'IA. Cela peut inclure des politiques en matière d'éducation, de formation professionnelle, et de soutien social pour ceux qui sont affectés par les changements d'emploi.

Dialogue Social :
Un dialogue ouvert entre les employeurs, les employés, les éducateurs et les décideurs est nécessaire pour aborder les défis liés à l'IA et l'emploi de manière collaborative.

Conclusion

L'IA transforme le paysage de l'emploi, présentant à la fois des défis et des opportunités. Une approche proactive et bien pensée est nécessaire pour maximiser les bénéfices de l'IA tout en atténuant ses impacts négatifs sur l'emploi. L'accent doit être mis sur la formation, l'adaptation et la création de nouvelles opportunités dans l'ère de l'IA.

4.6 Réglementation de l'IA
Nécessité de Réglementer l'IA

Cadre Légal pour l'IA :
Alors que l'IA devient de plus en plus influente dans notre vie quotidienne, il devient impératif d'établir des cadres légaux pour réguler son développement et son utilisation. Cela vise à garantir que l'IA soit utilisée de manière éthique, sûre et responsable.

Harmonisation Internationale :
La réglementation de l'IA représente un défi mondial. Une collaboration internationale est nécessaire pour élaborer des normes et des réglementations cohérentes qui transcendent les frontières nationales.

Domaines de Réglementation

Vie Privée et Sécurité des Données :
Les réglementations doivent aborder la manière dont l'IA traite les données personnelles, en s'alignant sur des lois telles que le RGPD pour la protection de la vie privée.

Responsabilité et Transparence :
Les lois doivent définir la responsabilité en cas d'erreurs ou de préjudices causés par des systèmes d'IA et exiger une transparence dans les processus de prise de décision de l'IA.

Défis de la Réglementation

Équilibre entre Innovation et Contrôle :
Un défi majeur est de trouver le juste équilibre entre favoriser l'innovation technologique et assurer la sécurité et le bien-être public.

Adaptabilité des Réglementations :
Les réglementations doivent être suffisamment flexibles pour s'adapter à l'évolution rapide des technologies d'IA tout en assurant une protection efficace.

Perspectives Futures

Dialogue Continu :
La réglementation de l'IA est un processus évolutif qui nécessite un dialogue continu entre les législateurs, les experts en IA, les entreprises et le public.

Contribution à un Avenir Durable :
Des réglementations bien conçues peuvent contribuer à un avenir où l'IA est utilisée pour soutenir le développement durable et le bien-être collectif.

Conclusion

La réglementation de l'IA est cruciale pour assurer son développement et son utilisation de manière éthique et responsable. Un cadre réglementaire solide et évolutif est essentiel pour naviguer dans l'ère de l'IA, garantissant que ses avantages sont maximisés tout en minimisant ses risques.

4.7 Considérations Futures et Développement Durable en IA

L'IA et le Futur

Vision à Long Terme :
Alors que nous envisageons l'avenir de l'IA, il est crucial de réfléchir à la manière dont elle peut être utilisée pour soutenir non seulement le progrès technologique, mais aussi le bien-être social et environnemental.

Innovation Durable :
L'IA offre des opportunités uniques pour aborder des défis tels que le changement climatique, la conservation des ressources et la santé globale. Son utilisation dans ces domaines doit être guidée par des principes de développement durable.

L'IA au Service des Objectifs de Développement Durable (ODD)

Contribution aux ODD des Nations Unies :
L'intégration de l'IA dans des initiatives alignées sur les Objectifs de Développement Durable des Nations Unies peut accélérer les progrès dans des domaines clés comme l'éducation, la santé et la réduction des inégalités.

Technologies Équitables et Accessibles :
Assurer que les avantages de l'IA sont accessibles à tous, y compris aux populations des pays en développement, est essentiel pour réaliser son plein potentiel en tant qu'outil de développement global.

Défis et Opportunités

Gestion des Risques Technologiques :
Tandis que l'IA offre des solutions potentielles à des problèmes complexes, il est également nécessaire de gérer les risques associés, tels que les impacts sur l'emploi et les questions de sécurité des systèmes d'IA.

Collaboration Multisectorielle :
Une approche collaborative impliquant des gouvernements, des entreprises, des ONG et des communautés académiques est nécessaire pour maximiser l'impact positif de l'IA sur la société et l'environnement.

Conclusion

En regardant vers l'avenir, l'IA a le potentiel de jouer un rôle clé dans la création d'un monde plus durable et équitable. Cependant, cela nécessite une planification stratégique, une réglementation réfléchie et une coopération internationale pour s'assurer que les technologies d'IA contribuent positivement aux objectifs de développement à long terme.

Chapitre 5 : Tendances Futures et Innovations en IA

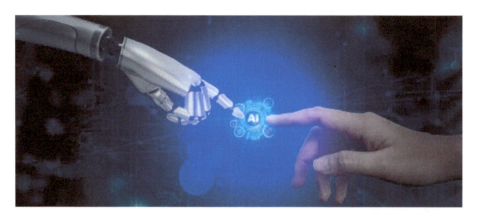

5.1 Avancées Technologiques en IA

Dernières Innovations en IA

Progrès en Apprentissage Profond :
L'apprentissage profond (Deep Learning) continue de progresser, avec de nouveaux modèles et architectures capables de traiter des données complexes telles que les images, le son et le texte avec une précision toujours plus grande.

Réseaux Neuronaux et Beyond :
Les innovations dans les réseaux neuronaux, notamment les réseaux neuronaux convolutifs (CNN) et récurrents (RNN), ouvrent la voie à des applications plus sophistiquées en traitement d'images et en traitement du langage naturel.

IA et Algorithmes Avancés

Algorithmes Auto-apprenants :
Le développement d'algorithmes capables d'apprentissage sans supervision ou avec une supervision minimale marque une étape importante vers une IA plus autonome.

Optimisation des Algorithmes :
Des efforts sont faits pour rendre les algorithmes d'IA plus efficaces, réduisant ainsi la nécessité de vastes quantités de données et de puissance de calcul.

Tendances en Traitement du Langage Naturel (NLP)

Compréhension et Génération du Langage :
Des avancées significatives en NLP permettent à l'IA de mieux comprendre, interpréter et générer le langage humain, rendant les interactions homme-machine plus naturelles et intuitives.

Traduction Automatique :
La qualité de la traduction automatique continue de s'améliorer, réduisant les barrières linguistiques et facilitant la communication globale

Conclusion

Ces avancées technologiques en IA ouvrent de nouvelles possibilités dans des domaines variés, allant de l'analyse de données complexes à la création de systèmes d'interaction homme-machine plus intuitifs. La rapidité de ces innovations souligne la nécessité d'une réflexion continue sur leurs implications et leur utilisation responsable.
Cette section introduit les dernières avancées technologiques en IA, démontrant comment elles façonnent le paysage actuel et futur de l'IA. Après votre examen, nous pourrons aborder comment l'IA se combine avec d'autres technologies pour créer des applications nouvelles et innovantes.

5.2 IA et Convergence Technologique

L'IA au Croisement des Technologies

Synergie avec d'Autres Technologies :
L'IA ne fonctionne pas isolément, mais en synergie avec d'autres technologies de pointe. Cette convergence ouvre la voie à des innovations et des applications révolutionnaires dans divers domaines.

IA et Blockchain

Sécurité et Transparence Améliorées :
La combinaison de l'IA et de la blockchain offre des solutions uniques en matière de sécurité des données et de transparence. Par exemple, dans la chaîne d'approvisionnement, cette convergence permet de suivre de manière sécurisée et transparente les produits depuis leur origine jusqu'au consommateur.

Smart Contracts Intelligents :
L'intégration de l'IA dans les smart contracts basés sur la blockchain permet de créer des contrats auto-exécutables qui peuvent prendre des décisions intelligentes basées sur des données en temps réel.

IA et Internet des Objets (IoT)

Analyse de Données de l'IoT :
L'IA joue un rôle clé dans l'analyse des énormes quantités de données générées par les appareils IoT, permettant une automatisation et une optimisation plus poussées des processus dans des domaines comme la fabrication, la gestion de l'énergie et la santé.

Amélioration de l'Efficacité Opérationnelle :
En équipant les appareils IoT d'intelligence artificielle, il est possible d'améliorer considérablement l'efficacité opérationnelle et de réagir en temps réel aux changements de l'environnement ou des conditions d'utilisation.

IA et Réalité Augmentée

Expériences Immersives Améliorées :
L'intégration de l'IA dans la réalité augmentée (RA) ouvre de nouvelles
possibilités pour des expériences utilisateur immersives et interactives, que
ce soit dans le commerce de détail, l'éducation ou le divertissement.

Applications dans la Formation et l'Éducation :
L'IA peut enrichir les expériences de RA en adaptant le contenu à l'utilisateur
et en fournissant des retours interactifs, ce qui est particulièrement utile
dans la formation professionnelle et l'éducation.

Conclusion

La convergence de l'IA avec des technologies comme la blockchain, l'IoT et la
RA est en train de transformer de nombreux secteurs, en ouvrant la voie à
des solutions plus intelligentes, sécurisées et interactives. Cette intégration
interdisciplinaire offre un potentiel immense pour innover et résoudre des
problèmes complexes.

5.3 IA dans la Cybersécurité

Renforcement de la Sécurité par l'IA

Détection Avancée des Menaces :
L'IA améliore significativement la détection des menaces en analysant de grandes quantités de données et en identifiant des modèles qui pourraient indiquer des activités malveillantes, telles que les logiciels malveillants ou les attaques par phishing.

Réponses Automatisées :
Les systèmes d'IA peuvent fournir des réponses rapides et automatisées aux menaces de sécurité, en réduisant considérablement le temps nécessaire pour contenir et éradiquer les cyberattaques.

Apprentissage Machine pour la Sécurité

Modèles Prédictifs :
L'utilisation de l'apprentissage machine permet de développer des modèles prédictifs qui peuvent anticiper et neutraliser les cyberattaques avant qu'elles ne causent des dommages.

Adaptation Continue :
Les systèmes d'IA en cybersécurité peuvent s'adapter en continu pour contrer les nouvelles tactiques et techniques utilisées par les cybercriminels, rendant les systèmes de défense plus robustes et résilients.

Défis de l'IA en Cybersécurité

Complexité des Menaces :
Alors que l'IA offre des outils puissants pour la cybersécurité, elle peut également être utilisée par des acteurs malveillants pour développer des attaques plus sophistiquées, créant ainsi une course aux armements technologiques.

Fiabilité et Fausse Alerte :
Assurer la fiabilité des systèmes d'IA et réduire le nombre de fausses alertes est essentiel pour maintenir la confiance des utilisateurs et l'efficacité des processus de sécurité.

IA Éthique en Cybersécurité

Respect de la Vie Privée :
Il est impératif que l'utilisation de l'IA en cybersécurité respecte la vie privée et la confidentialité des données, en évitant la surveillance excessive et le profilage non éthique.

Transparence et Responsabilité :
La transparence dans le fonctionnement des systèmes d'IA en cybersécurité est nécessaire pour garantir la responsabilité et la confiance des utilisateurs.

Conclusion

L'IA est en train de devenir un élément indispensable dans la lutte contre les cybermenaces, offrant des capacités de détection et de réponse rapides et intelligentes. Toutefois, son utilisation doit être équilibrée avec des considérations éthiques pour garantir le respect des droits individuels et la confiance dans les systèmes de cybersécurité.

5.4 IA et Santé Numérique

Révolution de la Santé par l'IA

Innovations en Diagnostic et Traitement :
L'IA transforme le domaine de la santé numérique en améliorant les capacités de diagnostic et en personnalisant les traitements. Des algorithmes avancés analysent les images médicales, détectent les signes précoces de maladies comme le cancer et proposent des plans de traitement basés sur les données du patient.

Outils de Prédiction :
Les systèmes d'IA peuvent prédire les risques de maladies en analysant les tendances et les patterns dans les données de santé, permettant ainsi une intervention préventive et une meilleure gestion des soins.

Santé Connectée et Surveillance à Distance

Moniteurs de Santé et Applications Mobiles :
L'utilisation de dispositifs portables et d'applications mobiles équipés d'IA pour surveiller la santé des patients en temps réel révolutionne la surveillance à distance, en fournissant des données précieuses pour la prévention et la gestion des maladies chroniques.

Interaction Patient-IA :
Les chatbots et assistants virtuels basés sur l'IA fournissent un support et des conseils de santé personnalisés, améliorant l'accès aux informations et l'engagement des patients dans leur propre santé.

IA dans la Recherche Médicale

Découverte Accélérée de Médicaments :
L'IA accélère la découverte de nouveaux médicaments en analysant rapidement de vastes ensembles de données biomédicales, réduisant ainsi le temps et les coûts associés au développement de médicaments.

Études Cliniques et Analyse de Données :

L'IA améliore l'efficacité des essais cliniques en identifiant les bons candidats pour les études et en analysant les résultats pour des insights plus rapides et plus précis.

Défis et Considérations Éthiques

Confidentialité des Données de Santé :

La gestion des données de santé par l'IA soulève des questions cruciales de confidentialité et de sécurité des données. Il est essentiel de protéger les informations sensibles des patients tout en tirant parti des avantages de la technologie.

Accès Équitable aux Technologies de Santé :

Assurer un accès équitable aux technologies de santé basées sur l'IA est essentiel pour éviter d'aggraver les inégalités existantes en matière de soins de santé.

Conclusion

L'IA a un potentiel révolutionnaire en santé numérique, offrant des avancées majeures dans le diagnostic, le traitement, et la recherche médicale. Cependant, il est crucial de naviguer dans ce domaine avec une attention particulière à la confidentialité, la sécurité et l'équité pour garantir que les bénéfices de l'IA en santé soient accessibles à tous.

5.5 IA et Industries Créatives

Innovation et Créativité Alimentées par l'IA

Transformation des Industries Créatives :
L'IA influence profondément les industries créatives, telles que la musique, les arts visuels, la littérature et le design. Elle ne se limite pas à automatiser des processus créatifs mais ouvre également la voie à de nouvelles formes d'expression artistique et de création de contenu.

IA dans la Musique et les Arts Visuels

Composition Musicale et Production :
Des systèmes d'IA sont utilisés pour composer de la musique, générer des accompagnements et même créer de nouveaux genres musicaux, en s'inspirant de vastes bibliothèques de styles et de motifs existants.

Création Visuelle et Design :
En arts visuels, l'IA aide les artistes et les designers à explorer de nouvelles formes esthétiques et concepts, en générant des œuvres d'art uniques ou en aidant dans le processus de design.

IA et Littérature

Écriture Assistée par l'IA :
L'IA est utilisée pour aider à l'écriture de textes, de la génération d'idées à l'édition, en offrant des suggestions de style et de grammaire et en stimulant la créativité des auteurs.

Analyse Littéraire :
Les algorithmes d'IA peuvent analyser des textes littéraires pour en dégager des thèmes, des styles et des motifs, offrant de nouvelles perspectives dans les études littéraires.

IA et Cinématographie

Montage et Post-Production :
Dans le cinéma, l'IA est utilisée pour optimiser le montage et la post-production, en aidant à sélectionner les meilleures prises, en ajustant la colorimétrie et même en générant des effets visuels.

Personnalisation du Contenu :
L'IA permet une personnalisation accrue du contenu cinématographique et télévisuel pour les audiences, en analysant les préférences des spectateurs et en recommandant des contenus adaptés.

Défis et Considérations Culturelles

Authenticité et Originalité :
L'utilisation de l'IA dans la création artistique soulève des questions sur l'authenticité, l'originalité et la propriété intellectuelle des œuvres générées par l'IA.

Impact sur les Créateurs et l'Industrie :
Alors que l'IA ouvre de nouvelles avenues, elle remet également en question les rôles traditionnels des créateurs et peut transformer les dynamiques économiques des industries créatives.

Conclusion

L'IA transforme les industries créatives en ouvrant de nouveaux horizons pour l'innovation et la créativité. Tout en embrassant ces possibilités, il est essentiel de réfléchir aux implications éthiques et culturelles de l'IA dans la création artistique et de maintenir un équilibre entre l'innovation technologique et le respect de la créativité humaine.

5.6 Développement Durable et IA

L'IA au Service du Développement Durable

Potentiel de l'IA pour le Développement Durable :
L'intelligence artificielle offre des outils puissants pour relever de nombreux défis du développement durable. En analysant de grandes quantités de données environnementales et sociales, l'IA peut contribuer à des solutions plus efficaces et ciblées.

IA et Gestion des Ressources Naturelles

Optimisation de l'Utilisation des Ressources :
L'IA aide à la gestion efficace des ressources naturelles, comme l'eau et l'énergie, en prédisant la demande et en optimisant l'allocation et la consommation des ressources.

Surveillance Environnementale :
Des systèmes d'IA sont utilisés pour surveiller les changements environnementaux, comme la déforestation, la pollution et les effets du changement climatique, en fournissant des données essentielles pour les efforts de conservation.

IA et Agriculture Durable

Agriculture de Précision :
L'IA révolutionne l'agriculture en permettant des pratiques plus précises et durables. Elle analyse les données du sol, de l'eau, et des cultures pour optimiser la production, réduire les déchets et minimiser l'impact environnemental.

Gestion des Cultures et Prévision des Récoltes :
Les technologies d'IA aident les agriculteurs à prendre des décisions informées concernant la plantation, l'irrigation, et la protection des cultures, améliorant ainsi la productivité et la durabilité.

IA dans la Lutte contre le Changement Climatique

Modélisation et Prévision :
Des modèles d'IA avancés sont capables de prédire les impacts du changement climatique, aidant ainsi à planifier et à mettre en œuvre des stratégies d'atténuation et d'adaptation.

Solutions d'Énergie Renouvelable :
L'IA optimise l'utilisation des énergies renouvelables en prédisant les modèles de production d'énergie solaire et éolienne, contribuant ainsi à une transition vers des sources d'énergie plus propres et durables.

Défis et Considérations Éthiques

Accès Équitable aux Technologies d'IA :
Il est essentiel de garantir que les avantages de l'IA pour le développement durable soient accessibles à tous, en particulier aux communautés et pays les plus affectés par les problèmes environnementaux.

Durabilité de l'IA elle-même :
La conception et l'exploitation durables des systèmes d'IA, en termes de consommation d'énergie et d'impact environnemental, sont également des considérations importantes.

Conclusion

L'IA a un rôle crucial à jouer dans la promotion du développement durable. En utilisant intelligemment l'IA pour gérer les ressources, soutenir l'agriculture durable, et combattre le changement climatique, nous pouvons progresser vers un avenir plus durable et résilient.

5.7 Perspectives d'Avenir de l'IA

Avenir de l'IA : Innovations et Tendances

Évolution Continue des Technologies d'IA :
L'avenir de l'IA est caractérisé par une innovation constante. On s'attend à voir de nouvelles avancées en apprentissage machine, en traitement du langage naturel et dans d'autres domaines clés qui continueront à repousser les limites de ce que l'IA peut accomplir.

IA et Interaction Homme-Machine :
L'amélioration des interfaces homme-machine, telles que les assistants vocaux et les robots sociaux, rendra les interactions avec l'IA plus naturelles et intuitives.

IA et Éthique

Gouvernance et Réglementation de l'IA :
Un accent croissant sera mis sur la gouvernance et la réglementation de l'IA pour garantir son développement et son utilisation éthiques. Les questions de vie privée, de sécurité, de biais et de responsabilité resteront au premier plan.

IA Éthique et Transparente :
La demande pour une IA éthique et transparente augmentera, poussant les développeurs à créer des systèmes qui sont non seulement techniquement avancés mais aussi responsables et fiables.

IA et Impacts Sociétaux

Transformation des Industries :
L'IA continuera de transformer diverses industries, en introduisant de nouvelles manières de travailler, de créer et d'innover. Son impact sera particulièrement ressenti dans la santé, l'éducation, la fabrication et les services.

Défis de l'Emploi et de la Formation :

L'impact de l'IA sur l'emploi restera un sujet de préoccupation majeur. La nécessité d'une formation continue et d'une adaptation des compétences pour rester pertinent dans un marché du travail en évolution sera essentielle.

Innovations Technologiques et Applications

Avancées en IA Générale :

La recherche vers une IA générale (AGI), capable de réaliser toute tâche intellectuelle qu'un humain peut faire, continuera, bien que cette perspective reste à long terme.

Applications Spécialisées :

Des applications spécialisées de l'IA dans des domaines comme la médecine personnalisée, les villes intelligentes et la gestion environnementale offriront des solutions innovantes aux défis mondiaux.

Conclusion

L'avenir de l'IA est plein de promesses et de défis. Alors que la technologie continue d'évoluer à un rythme rapide, il est crucial de rester attentif à son impact éthique, social et économique. En abordant ces défis de manière proactive, nous pouvons assurer que l'IA contribue positivement à notre avenir collectif.

Conclusion du Chapitre 5 : Vers un Avenir Innovant et Responsable

Synthèse des Innovations en IA

Ce chapitre a exploré les dernières avancées et les tendances émergentes en intelligence artificielle, mettant en lumière comment l'IA continue de façonner notre monde. Des progrès en apprentissage profond et traitement du langage naturel à la convergence de l'IA avec d'autres technologies, nous avons vu comment l'IA est au cœur de nombreuses innovations révolutionnaires.

Impact Sociétal et Éthique de l'IA

L'impact de l'IA sur la société est profond et multiforme. Alors que nous embrassons les possibilités offertes par ces technologies, les questions éthiques et sociétales restent primordiales. Il est impératif que le développement de l'IA soit guidé par des principes éthiques et une gouvernance réfléchie pour assurer un avenir où la technologie bénéficie à tous.

IA et Développement Durable

L'IA a le potentiel de jouer un rôle significatif dans la promotion du développement durable. De la gestion des ressources naturelles à la lutte contre le changement climatique, l'IA peut être un outil puissant pour relever certains des défis les plus pressants de notre époque.

Préparation pour l'Avenir de l'IA

Alors que l'avenir de l'IA s'annonce riche en innovations, il est essentiel de se préparer aux changements qu'elle apportera. Cela implique une formation continue, une adaptation des compétences et une collaboration entre divers secteurs pour maximiser les bénéfices de l'IA tout en minimisant ses risques.

Conclusion

L'avenir de l'IA est un voyage passionnant et en constante évolution. En restant informés, adaptatifs et éthiquement engagés, nous pouvons naviguer dans cet avenir avec optimisme et assurance, en exploitant le potentiel de l'IA pour créer un monde meilleur et plus intelligent.

Chapitre de Clôture : Ouverture sur un Monde d'Intelligence Artificielle

Votre Voyage en IA Continue

Alors que nous clôturons ce premier tome de notre exploration de l'intelligence artificielle, votre voyage dans le monde fascinant de l'IA ne fait que commencer. Les concepts et les connaissances que vous avez acquis ici ne sont que la pointe de l'iceberg.

Prochains Arrêts sur Votre Parcours en IA

"Comprendre les Algorithmes d'IA" :
Notre prochain ebook vous plongera dans le monde des algorithmes qui sont le cœur battant de l'IA. Apprenez à distinguer entre différents types d'apprentissage machine et explorez les réseaux neuronaux en détail.

"IA en Pratique : Applications et Cas d'Usage" :
Préparez-vous à découvrir comment l'IA est appliquée dans divers secteurs. Ce tome vous fournira des études de cas concrètes et des analyses approfondies des utilisations de l'IA dans le monde réel.

"Développement de Projets IA" :
Plongez dans la pratique réelle du développement de l'IA. Ce guide pas à pas vous emmènera à travers les étapes de la création de vos propres projets d'IA, des premières ébauches aux implémentations finales.

"Approfondissement en IA : Techniques Avancées" :

Pour ceux qui cherchent à maîtriser l'IA, ce livre explorera les techniques et théories les plus avancées. C'est le terrain des experts et des passionnés désireux de repousser les frontières de la technologie.

Le Mot de la Fin

Alors que nous concluons ce premier chapitre de votre aventure en IA, souvenez-vous que chaque fin est un nouveau départ. L'avenir de l'IA est vaste et plein de promesses, et nous sommes ravis de vous guider à travers chaque étape de cette exploration.

FAQ sur l'Intelligence Artificielle

Q1 : Qu'est-ce que l'intelligence artificielle (IA) ?

R1 : L'intelligence artificielle est une branche de l'informatique qui vise à créer des systèmes capables de réaliser des tâches qui nécessiteraient normalement l'intelligence humaine. Cela inclut des choses comme apprendre, résoudre des problèmes, reconnaître des motifs, comprendre le langage naturel et prendre des décisions.

Q2 : L'IA peut-elle remplacer les humains ?

R2 : Bien que l'IA puisse automatiser certaines tâches, elle est loin de remplacer complètement les humains. L'IA est généralement conçue pour gérer des tâches spécifiques et nécessite une supervision humaine. Elle est mieux utilisée comme un outil qui peut compléter et augmenter les capacités humaines.

Q3 : Comment l'IA apprend-elle ?

R3 : L'IA apprend principalement par des techniques d'apprentissage machine, y compris l'apprentissage supervisé (apprendre à partir de données étiquetées) et non supervisé (trouver des motifs dans des données non étiquetées). L'apprentissage profond, qui utilise des réseaux neuronaux pour apprendre à partir de grandes quantités de données, est une méthode d'apprentissage particulièrement puissante.

Q4 : L'IA est-elle biaisée ?

R4 : L'IA peut devenir biaisée si les données utilisées pour son entraînement sont biaisées. Il est crucial de surveiller et d'évaluer régulièrement les systèmes d'IA pour détecter et corriger les biais.

Q5 : Quelles sont les applications courantes de l'IA ?

R5 : L'IA a une gamme d'applications très large, y compris dans les voitures autonomes, la reconnaissance vocale et faciale, les assistants personnels intelligents, la santé, la finance, et bien plus.

Q6 : L'IA présente-t-elle des risques pour la sécurité ?

R6 : Comme toute technologie, l'IA présente des risques pour la sécurité, surtout si elle est mal utilisée ou mal comprise. La cybersécurité est un domaine particulièrement important pour l'IA, tant pour sécuriser les systèmes d'IA eux-mêmes que pour utiliser l'IA dans la protection contre les menaces informatiques.

Q7 : Comment puis-je commencer à apprendre l'IA ?

R7 : Commencer par comprendre les bases de la programmation et des statistiques est un bon point de départ. Des ressources en ligne, des cours, des livres et des tutoriels sont disponibles pour se familiariser avec les concepts et les techniques d'IA.

Lexique des Termes d'Intelligence Artificielle

Apprentissage Automatique (Machine Learning, ML) :
Un sous-domaine de l'IA qui donne aux systèmes la capacité d'apprendre et de s'améliorer à partir de l'expérience sans être explicitement programmés.

Apprentissage Profond (Deep Learning) :
Une branche de l'apprentissage automatique basée sur des réseaux de neurones artificiels, qui imitent la structure et la fonction du cerveau humain.

Réseau Neuronal (Neural Network) :
Un modèle informatique conçu pour simuler la façon dont le cerveau humain analyse et traite les informations.

Réseau Neuronal Convolutif (Convolutional Neural Network, CNN) :
Un type de réseau de neurones artificiels utilisé principalement pour traiter les données visuelles et reconnaître des patterns dans des images.

Réseau Neuronal Récurrent (Recurrent Neural Network, RNN) :
Un type de réseau de neurones artificiels où les connexions entre les nœuds forment une séquence dirigée, souvent utilisé dans le traitement du langage naturel.

Traitement du Langage Naturel (Natural Language Processing, NLP) :
Un domaine de l'IA qui se concentre sur l'interaction entre les ordinateurs et le langage humain, en particulier sur la manière de programmer les ordinateurs pour traiter et analyser de grandes quantités de données linguistiques.

Intelligence Artificielle Générale (Artificial General Intelligence, AGI) :

Un type d'IA capable de comprendre, apprendre et appliquer son intelligence à une large gamme de problèmes, de manière similaire à l'intelligence humaine.

Apprentissage Supervisé :
Une méthode d'apprentissage automatique où le modèle est entraîné sur un ensemble de données étiquetées et utilise cet apprentissage pour faire des prédictions ou des décisions.

Apprentissage Non Supervisé :
Une méthode d'apprentissage automatique utilisée pour trouver des patterns ou des structures cachées dans des données non étiquetées.

Apprentissage par Renforcement (Reinforcement Learning) :
Un type d'apprentissage automatique où un agent apprend à prendre des décisions en exécutant des actions dans un environnement pour maximiser une récompense.

Big Data :
De grands ensembles de données qui peuvent être analysées par des technologies d'IA pour révéler des patterns, des tendances et des associations.

Algorithmes :
Des procédures ou des formules pour résoudre un problème, souvent utilisées en IA pour le traitement et l'analyse de données.

www.ingramcontent.com/pod-product-compliance
Lightning Source LLC
LaVergne TN
LVHW072049060326
832903LV00053B/310